오늘의문학 특선시집 76

심장근 제8시집

우리만큼 빛나는 별이 있을까

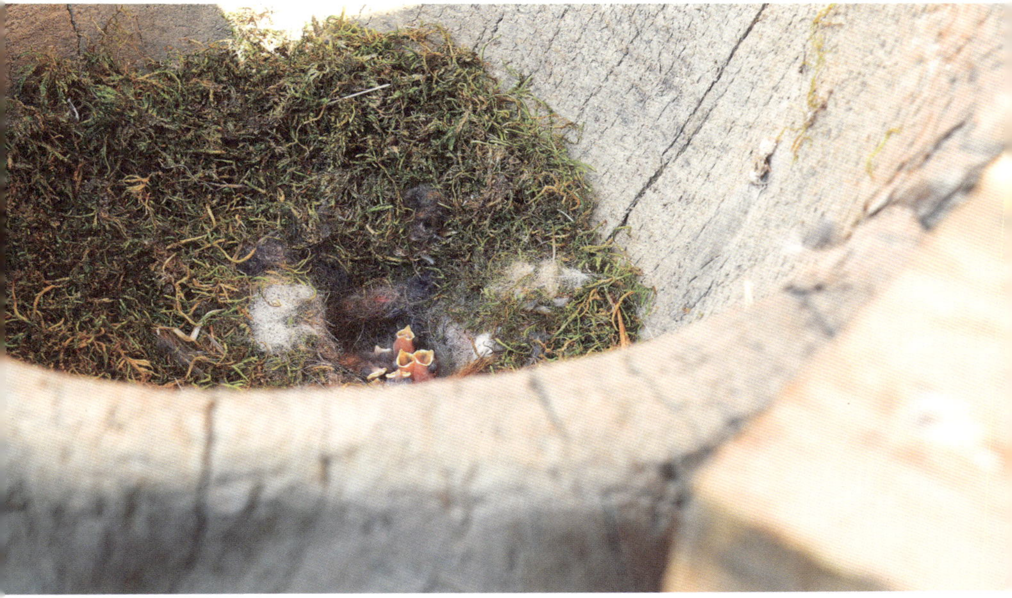

©외암마을/맛난식혜돌담길

오늘의
문학사

우리만큼
빛나는 별이 있을까

외암마을이라는, 오래된 마을이 있습니다.
이곳에는 마을 사람들과 많은 골목과 돌담이 있는데,
내 나름대로 이름을 지으며 봄·여름·가을·겨울을 보냈습니다.

… 식혜맛난돌담길, 자귀나무샘길, 오봉산하늘돌담길, 시냇물소리돌담길 등,
그런데 같은 돌담길도 보는 방향에 따라 달리 보여서 이름이 다르답니다.

시 한 편을 위해 마을 하나가 필요했습니다.

2021년 초겨울
심 장 근

차례

1부 어머니의 봄날

인기척 · 008
꽃등 · 010
이유 · 012
비밀 · 014
마음 · 016
소리 · 018
길이 빛나는 날 · 020
꽃이 지네 · 022
일러줘요 · 024
꽃을 줍다 · 026
좋아보이네 · 028
그릇 · 030
더 좋아질 거다 · 032
또 봐요 · 034
사라지지 않는다 · 036
매화꽃 핀 날 · 038

2부 아버지의 여름

사랑가 1 · 042
사랑가 2 · 044
사랑가 3 · 046
사랑가 4 · 048
사랑가 5 · 050
사랑가 6 · 052
사랑가 7 · 054
사랑가 8 · 056
사랑가 9 · 058
사랑가 10 · 060
장어 · 062
아버지의 밥 · 064
반딧불이 · 066
하늘 · 068
흐름 · 070
혼자 말씀 · 072

3부 누이의 가을

국화 · 076
사랑초 · 078
나를 기다리는 나에게 · 080
추석에 · 082
적막을 위하여 · 084
감이 익었네 · 086
노래를 들으며 · 088
가을편지 · 090
풍경 · 092
가을 빛 · 094
서리 아침 · 096
의견 · 098
역설 · 100
편지 · 102
단풍도 · 104
길을 위하여 · 106

4부 우리들의 겨울

J디자인 · 110
조은아한복 · 112
북한강쭈꾸미 · 114
참미드어린이집 · 116
루트102 · 118
희망교회 · 120
i-조은미술교습소 · 122
삽교두리곱창 · 124
李피부관리샵 · 126
고향 카Car · 128
갈채 김밥 · 130
온양태초식품 · 132
충무재활의학과 · 134
드림약국 · 136
일이삼내과 · 138
소중한 아이치과 · 140
삼화인쇄 · 142

ⓒ외암마을/오봉산눈맞춤돌담길

1부
어머니의 봄날

그 집 뒷곁의 산수유는 더 일찍 핀다
굴뚝이 나누어 주는 온기가 따스워서

인기척

올해 봄에도 흰 매화는 돌담을 넘어왔다
돌담골목 오래된 햇살 앞세우고 걷는 어머니
낯익은 그 발걸음 소리에 문득 잠 깨어서!

사람의 발걸음에 잠 깬 꽃은 더 예쁘다

ⓒ외암마을/맛난식혜돌담길

꽃등

들판을 지나고 드디어
상여집 앞을 지나게 되었다
고운 꽃상여가 있을 뿐이라는 걸 알지만
밤은 깊고 비도 부슬부슬 내리고
지금은 혼자 걷는 밤길
늙은 소쩍새는 낮은 소리로 등 뒤에서 울고
… 문득, 어둠 속에 저기 보인다
돌탑에 걸어놓은 수만 개 어머니의 꽃등

ⓒ외암마을/은행나무집돌담길

이유

현관에 들어서면 무언가 묵직한 기운이 느껴진다
어머니 쓰시던 맷돌을 들여놓은 이후 그렇다
오늘은 맷돌 위에 일곱점무당벌레 앉아있다

콩을 갈아 두부를 만드시던 봄날
일곱점무당벌레가 뽀얀 콩물에 빠졌을 때
예뻐, 흰 콩물에 붉은 벌레가 어쩜 이리 예쁠까!
맷돌손잡이 잠시 놓고 무당벌레를 건져내서
이제 두 마디 째 잎을 낸 봉숭아 줄기에 올려놓으셨다

… 이 세상에 일곱점무당벌레가 여전히 있는 이유

ⓒ외암마을/오봉산눈맞춤돌담길

비밀

며칠 내에 산수유가 필거라는 어머니 말씀에, 봄이 되자 드디어 치매가 나으셨나보다 했는데, 산수유나무 아래에 묻어놓은 노랑저고리를 꺼내오라고 하셨다 시집올 때 친정아버지가 해주신 거라면서 친정아버지가 보고 싶다고 하셨다 며칠 전부터 산수유나무 아래에서 서성거리시는데, 마침내 산수유가 활짝 핀 날, 여전히 보채시는 어머니 앞세워 나무 아래 한 곳을 슬쩍 팠다

겨울 지낸 산수유나무 붉은 뿌리가 보였다
지난 밤 참새 몇 마리 잡고 자고 간 나무 끝가지까지
이 뿌리를 향하여 물이 올라가는구나
어느 가지 하나라도 거르지 않고
이 화사한 봄 날 뿌리들은 어두운 흙속에서 손을 뻗고 있었구나
이젠 그만 가자, 어머니는 돌아서시고
그때, 노란 산수유 꽃이 어머니 어깨 위로 우수수 쏟아졌다
거기 정말 있었네, 친정아버지가 해주신 노랑저고리…

ⓒ외암마을/오봉산눈맞춤돌담길

마음

울타리 콩을 심어놓고 비 오기를 기다리는 것이 아니라 햇살 잘 들기를 기다리시는 어머니다 콩 심은 데 콩 난다는 것을 믿으시다보니 비는 좀 늦어도 되고, 햇빛에 마른 흙을 뚫고 콩 싹은 나는 거고, 비둘기 다녀간 자리에서도 콩 싹은 나는 거다 돌담 그중 높은 곳 아래 어두운 땅에도 울타리 콩알 세 개씩 넣으시고,

하나는 하늘의 새가 먹고
하나는 땅속의 두더지가 먹고
나머지는 한 알로도 우리는 넉넉하다
혹시 마을에 잘못 들어온 사람이 있으면
그의 점심밥에도 오르는 거다
이 집 저 집 바람처럼 건너다니시면서
잘 여문 콩 한줌씩 나누어 주시더니
지금은 어느 골목에서 낯익은 햇살이 되어
예쁜 콩 꽃 하나 핀 곳으로 달려가고 계실까

ⓒ외암마을/맛난식혜돌담길

소리

문을 닫아도 잘 들리는 소리가 있지 닭이 알을 낳았다는 소리, 개가 배고프다고 내는 소리, 먼 길 온 사람이 문 안을 기웃거리는 소리도 들을 수 있네 지금 담 너머 지나가는 우편배달부 오토바이에는 누구네 편지가 들어있는지도 알고 있지 소리는 귀로 듣는 것이 아니라 온몸으로 듣는 거,

어느 날부터인지 기다리던 편지도 기다리지 않고
먼저 먼 길 떠난 막내아들도 기다리지 않고
마루 끝에 앉아 두 무릎 각각 손으로 짚고
무언가에 귀를 기울이셨다 한나절 그러시다가
왔군, 하며 화단을 보며 웃으시는데
그렇군, 기다리는 것이 많다보니 그중에는
우리 집 접시꽃 숲에 고양이 새끼 낳는 것도 있군

ⓒ외암마을/맛난식혜돌담길

길이 빛나는 날

우리 집으로 건너와서
저녁 함께 들지?
햇밀로 만든 수제비가 있네
애호박 썰어 넣고 햇감자도 넣고
오늘 저녁 수제비는 넉넉하지
남아서 주는 것이 아니라
꼭 주고 싶어서 그러네
어디선가 흘러간 노래도 나오고
오늘 저녁 수제비는 더 뜨겁네
먼저 떠난 막내아들 같은 그대,
보고 싶은 날은 이렇게 문득 오는군

ⓒ외암마을/시냇물소리돌담길

꽃이 지네

같이 가지 않을래?
산책이든, 조금 긴 여행이든

대답을 기다리고 있는 동안
… 담 너머 라일락꽃이 지고 있네

ⓒ외암마을/시냇물소리돌담길

일러줘요

누가 그 집을 찾을 때는
봄이면 박태기나무에 붉게 꽃 피는 집이라고 일러줘요
꽃이 지고 잎만 푸른 날에 누군가 와서 그 집을 찾으면
다음 봄에 다시 와서 찾으면 된다고도 일러줘요

ⓒ외암마을/시냇물소리돌담길

꽃을 줍다

빈터에 누군가 꽃을 흘리고 갔다
누군가 가슴에 안았던 그 꽃을 주워서
담장 너머 집안으로 보냈는데
누군가 꽃을 받아 다시 피워올렸구나

ⓒ외암마을/푸른이끼돌담길

좋아보이네

이번 봄에는 정말 좋아보이네
어머니 호미 끝은 마을에서 제일 부드럽다
꽃밭을 만들며 만져본 매미 애벌레를 위하여
다시 흙속에 넣고 돌담에 돌 하나 더 얹는다

… 저만큼 높이는 올라야 튼튼한 날개를 얻지!

ⓒ외암마을/시냇물소리돌담길

그릇

그릇은 못쓰는 게 없지요 흙을 담아 집 안 어딘가에 남겨두면 스스로 풀씨들이 날아와 깃들기도 하고 이웃집에서 잘라내어 담 밖으로 던진 가시달린 가지도 꽂아두면 장미가 되지요 쌓은 돌담의 돌들을 보세요 닮은 것이라고는 어느 한군데도 없는데 함께 이룬 돌담이 되는 순간 바로 그 자리가 저마다의 자리가 되는 거예요

… 어머니는 그릇을 버린 적이 없다

ⓒ외암마을/자귀나무샘돌담길

더 좋아질 거다

내가 정말 쓸모 있는 거냐고 어머니께 물었더니, 일흔 두 살 그녀는 텃밭에 검은 파 씨 뿌리는 걸 도와달라고 하셨다 누군가한테서 온 편지봉투 반을 잘라서 작년의 파 씨를 담아두셨는데, 내 손바닥에도 조금 놓아주시고 어머니 땅 내 이랑에 파 씨를 심으라고 하셨다 그 눈빛을 나는 읽을 수 있네

이건 시작에 불과해
앞으로는 점점 더 좋아질 거다!

ⓒ외암마을/모과나무소슬대문돌담길

또 봐요

이 봄 날 다시 무엇인가가 되고
누군가의 마음에 꿈틀꿈틀 일어나는 것이 있다면
또 봐요, 그 인사가 맞는 거네
또 봐요, 또 봐요, 또 봐요, 또 봐요, 또 봐요, 또 봐요, 또 봐요…

ⓒ외암마을/모과나무소슬대문돌담길

사라지지 않는다

돌담도, 연둣빛 봄날의 나무도
봄 햇살을 밟으며 가는 사람들도

아,
좋은 건 절대 사라지지 않는다

ⓒ외암마을/까치소리돌담길

매화꽃 핀 날

어머니는 오늘도 꽃기저귀를 하셨어
치매가 깊을수록 꽃을 좋아하시네
펭귄그림 기저귀를 보여드렸더니
그건 아니라지 집어던지시는데
꽁치 한 마리 구워놓고 살을 발라드리자
이거 먹어봐요 우리 큰아들이 좋아해
나한테 밀어놓으며 자꾸 권하신다
내가 큰아들인데, 내가 누구인지 잊은 기억속에도
내가 꽁치구이 좋아하는 건 남아있구나
어머니는 오늘도 봄날이셨어
매화꽃 가장 깊은 곳에 피어있는 거 나는 알지

ⓒ외암마을/까치소리돌담길

ⓒ외암마을/연꽃밭옆돌담길

2부
아버지의 여름

아버지가 보리를 털어내는데 꽃이 쏟아지네
콧노래가 섞이면 모두 꽃이 되는구나

사랑가 1

더워도 길을 나서지 못할 이유 없지
세상 어딘가에 숨은 길을 찾아 나서면
거기에서도 여름날 타는 햇빛은
꽃을 마저 피우고 열매도 잘 익히고 있네
거기가 꽃의 길이고 열매의 가파른 비탈이지
이마도 검게 타고 팔다리도 검게 타는 동안
어제보다 더 파란하늘을 가슴에 담았네
그제보다 넓은 들판도 마음에 담았네
더워서 나선 길 어딘가에 냇물은 숨어 흐르고
넓은 느릅나무잎 그늘과 들꽃과 비단날개 벌레들이
함께 걸었네 바람도 길모퉁이에서 나를 맞아주었어
멈추어도 멈춘 거기가 끝은 아닌 거
돌담길 서리서리 여민 길 언제 다 풀어볼라나
여전히 내 손잡고 가는 바람의 노래 언제 다 들어볼라나!

ⓒ외암마을/연꽃밭옆돌담길

사랑가 2

꽃이 핀다고 해도 피는 곳은 따로 있어서
새들이 날아가며 떨어뜨린 그들의 발자국에
꽃은 피네 저기 돌아가는 돌담골목길도 새들의 통로
그 모습은 보이지 않고 울음소리만 들리는 아침에
돌 하나에 꽃 하나, 일대일 대응으로 저리도 밝네
마침내 산을 하나 감싸 안은 안개의 소원대로
지난 밤은 모르는 척 눈감아주었더니, 함께 지켰구나
저 여린 꽃줄기들은 벌써 이슬을 털고 있네

ⓒ외암마을/오봉산그늘돌담길

사랑가 3

빈 집도 내 집으로 거기 있으니 나는 좋네
수많은 햇살에 오늘도 기와는 하나하나 그을어가고
좋아하는 거 하나 또 늘어났으니
빈 집에 또 채워지는 넉넉한 하루

ⓒ외암마을/햇살숨바꼭질돌담길

사랑가 4

햇빛은 제일 밝은 빛으로 찾아갈 준비를 끝내고
빗물도 부르면 허공의 가장 가파른 비탈길로 가기로 했다
바람도 그 크기와 부피를 채웠고
그 앞에 쪼그려 앉아 들여다볼 사람도 정했다
지금 곧 출발할 것, 일 년에 한두 번 드나드는 모퉁이도
네가 가는 곳이 또 하나 길이 되는 거다!

ⓒ외암마을/은행나무집돌담길

사랑가 5

오후 세 시가 되면
길 없던 곳에 길이 생기면서
그가 옵니다
누구인가 기다리던 그 사람한테만…

ⓒ외암마을/까치소리돌담길

사랑가 6

그곳에 풀꽃 한 그루 와 있는 동안
들판 끝에는 산도 와 있지
풀꽃을 향해 뜨는 해의 자리가 되어서
산은 바람에도 밀려가지 않는 거네
그 사람도 그렇게 그 자리에서
산이 되고, 어느 집 담장의 꽃이 되고…

ⓒ외암마을/작은연꽃연못돌담길

사랑가 7

꽃을 바라보는 동안
네가 보였네

꽃이 보고 싶을 때마다
너를 보았더니!

ⓒ외암마을/은행나무집돌담길

사랑가 8

가장 높은 곳에 안테나를 세우고
그대 잘 보이는 시간을 맞추고 있으면

그대는 또한 그대 마음 가장 높은 곳에 안테나를 세우고
내가 그중 잘 보이도록 안테나를 맞추고 있네

ⓒ외암마을/까치소리돌담길

사랑가 9

비가 와서 눅눅해진 날
오늘 같은 날은 보일러에 불을 넣어야 하는데
담장의 돌 하나 슬그머니 빼놓고
바람 들어오는 길을 만드신다, 우리 아버지
불 대신에 바람이다
물기를 하늘로 돌려보내는 그 길의 그 바람

ⓒ외암마을/솔바람소리돌담길

사랑가 10

어디쯤 오는지 궁금해서
밖을 내다보면
담 너머 붉은 꽃도 귀를 기울이네

이제 열 걸음 안에 들어왔나 보다
그 걸음 울림에 붉은 꽃 한 잎 또 떨어지고…

ⓒ외암마을/시냇물소리돌담길

장어

온양 장날 장에 다녀오신 아버지는 검은 비닐봉지 몇 개는 마루에 던져놓으시고 나머지 하나는 샘에 던져두신 채 텃밭으로 가셨다 샘 바닥에서 검은 비닐봉지가 부스럭거리며 소리를 냈다 아침에 피었던 호박꽃이 어느새 지고, 두어군데 순을 지르신 후 아버지는 호박잎 대여섯 장을 따서 샘으로 가셨다 바닥에 던져둔 검은 비닐봉지가 다시 부스럭거렸다

감나무 아래 어머니는 휠체어에 앉아계시고
아버지는 화덕에 무엇인가 끓이신다
다시 불꽃을 일으키시느라 엎드려서 부채질을 하시는데
감나무에서 문득 덜 익은 감이 아버지 굽은 등으로 떨어졌다
어머니 치매는 여름이 다 갈 무렵 더 깊어지고
아버지는 여전히 장날이면 장에 가셨다
검은 비닐봉지 중의 하나는 연신 부스럭거렸고
잠시 후 아버지는 감나무 아래에서 화덕에 불을 피우셨다
오래전, 여름이면 어머니가 해주시던 것을
이제는 아버지가 어머니한테 해주시는 거라

ⓒ외암마을/해그림자숨바꼭질돌담길

아버지의 밥

이제 혼자 밥 먹을 때가 된 거다
담장 밖으로 벚나무 잎들이 떨어지는 저녁
봄날의 그 꽃길, 그 사람 이름을 잊었다
그 사람도 지금은 저승에서 밥 먹을 시각
지난봄 그 꽃길의 내 이름을 잊었을 거다
달달했던 벚꽃 속 꿀벌들의 잉잉거림만 맛있는 밥은 아닌 거다
빈자리 하나 만들며 누군가를 잊음도 맛있는 밥이 되어서
문득 그리움도 반찬 하나 되어 자꾸 젓가락이 간다
…오늘도 아버지를 동구 밖 정자나무 아래에서 모셔왔다

ⓒ외암마을/까치소리돌담길

반딧불이

늦게까지 어머니 무덤가에 앉아있다 돌아오는 길
둘레가 어둡지?
우리도 저렇게 훨훨 날아올랐으면 좋겠다
내 등에 엎혀 오는 내내 아버지는 가벼워졌다

ⓒ외암마을/햇빛함께돌담길

하늘

살던 하늘에서 내려오던 길에
돌담에 머리 먼저 박는 꽃들의 오후
곱던 그의 생애, 장엄한 하락
어서 골목에 저녁 오거라, 아침에 핀 꽃이다
저기 지는 꽃을 잡아야 겠네
잡아주면 어느 때는 서로의 하늘도 되지

ⓒ외암마을/맛난식혜돌담길

흐름

아버지의 치매는 깊고 깊어져서
이제는 거실에서도 별을 딴다
등긁개 길게 잡고 등을 긁다가도
우수수 쏟아진 살비늘을 쓸어 모아서
어머니 갖다드린다며 맑게 웃으신다
이미 팔 할 넘게 흙이 되셨을 어머니
그래 아버지 등비늘은 어머니한테 별이지
치매로 돌아가신 어머니하고는 여전히 통해서
아버지 치매의 하루는 행복하다
꽁치눈알 별이라며 어머니 주신다며
저 품에 넣고 또 넣으시는
아버지 치매는 깊고 깊다
그 안에 흐르는 게 뭔지 짐작도 안 되는…

ⓒ외암마을/모과나무소슬대문돌담길

혼자 말씀

꽃바람 부는 날 사진은 뭐 하러 찍나?
꽃잎이 눈에 붙어 온 세상이 꽃인걸!

ⓒ외암마을/모과나무소슬대문돌담길

외암마을/모과나무소슬대문돌담길

3부
누이의 가을

탱자 한 알 익히는 데에도
가을 하나가 온전히 필요합니다

국화

여기에 너 오게 하려고
지난 여름 그 산비탈은 그렇게 메말랐고
들길은 아무도 걷는 이 없이
들판 멀리까지 바람 지나가는 길이 되었었구나
여기에 그중 예쁜 너 오게 하려고
너 있던 자리 오래도록 빈자리로 두었었구나

ⓒ외암마을/푸른이끼돌담길

사랑초

문 앞에 화분 하나 내놓았다
'한 포기씩 가져가세요'

　…사랑은 오래 전에 한 말을 잊지 않는 거네 혹시 기억하지 못해도, 사랑은 슬그머니 그 때를 기억나게 해주는 거네

ⓒ외암마을/해그림자숨바꼭질돌담길

나를 기다리는 나에게

아프다고 울거나 보채지 말아라
여전히 네가 거기 있어서 오늘도 고운 노을의 저녁이 온 거다
새들도 갈대숲 어딘가를 깃털삼아
자기 깃털을 쉬게 하는 저물녘
서둘러 돌아가는 길이면
잠시 멈추어 내 옆에 앉아라
잠시 기대고 싶은 어깨 하나 필요한 시각에
초저녁 별 같은 그대, 먼 곳에 있어도 나 또한 온몸을 기대리니…

ⓒ외암마을/까치소리돌담길

추석에

하루하루 삶은 비탈과 허공에서 아슬아슬하지만
달도 그 허공의 적막을 기둥삼아 빛나는 거
뜨거운 송편 몇 개와 햇밤 한줌으로도
이번 가을에도 그중 빛나는 하루를 만들 것이니
사랑하던 거 있으면 마저 그 속까지 사랑하자
저 겹겹의 산처럼 서로 깊은 가슴 맞대어 보는 거네

ⓒ외암마을/은행나무집돌담길

적막을 위하여

햇살 끝에서
산 하나가 타오르는 시각에
나도 검지 손끝을 햇살에 대어봅니다
마른 가랑잎 하나처럼 나도 따뜻해집니다

어디선가 작은 개울 하나
흰 모래 드러나게 한 겹 맑아지는 오후

ⓒ외암마을/시냇물소리돌담길

감이 익었네

왔다 갔네
그냥 온 거 아니니 그냥 간 것도 아니지
통창에 가슴 들이대고 숨을 내려놓은
작은 새 한 마리 온몸으로 산 날

내 꽃도 온몸을 꺾어
저물녘 지친 내 팔에 기대었네
내가 기댄 맑은 통창 같은 그의 가슴을 하늘삼아
달이 떴네 그 작은 새가 건너간 오늘밤 달

ⓒ외암마을/까치소리돌담길

노래를 들으며

새들이 앉았던 자리마다
단풍이 붉다
새들의 붉은 다리로
다 못 부른 노래가 흘러 스며든 듯…

ⓒ외암마을/시냇물소리돌담길

가을편지

오늘 하루만이라도
그의 하늘에도 내가 있었으면 좋겠다
그의 해와 그의 달빛 조금,
또는 그의 별과 그의 노을 조금,
아니다, 그의 하늘을 가로질러 어딘가로 날아간
단풍잎 하나의 반짝임으로라도 좋겠네

ⓒ외암마을/푸른이끼돌담길

풍경

잡목들의 가을은 황홀하다
숨은 이름들이 자기 자리에서 비로소 드러나고
그곳에서 살아온 시간들이
풍경 하나 되어 멀리까지 보이는 거다
누군가 잡목 숲에 새 한 마리 되어 날아들고
한나절 돌아보며 그도 아름다운 시간
기울어지거나 가파른 땅에서도
함께 있어서 가을은 더 황홀하다

ⓒ외암마을/오봉산바람돌담길

가을 빛

들판에 왔던 꽃들도 잘 여문 씨앗만 두고 돌아갑니다
햇살은 마저 그 따스함을 내려놓습니다
여기 가지고 왔던 우리에게 귀한 것들은
주머니에 도로 담아 가지 않습니다
무릎을 대고 보아야 보이도록 작고
여린 바람에도 쉽게 날아갈 정도로 가볍지만
내 사랑 여기에도 내려놓습니다
눈감아도 보이도록 그대 안에 내려놓습니다

ⓒ외암마을/푸른이끼돌담길

서리 아침

너에게 가는 길이 참 많은데
어느 길로 가야할지는 참 모르겠네
가다가 다시 만난 가을도 끝나가고
어느 집 난로에서 타오를 장작불
기다릴란다, 한없는 기다림도 행복이니
너에게 가는 길은 기다림의 길도 있네!

ⓒ외암마을/해그림자숨바꼭질돌담길

의견

시간은 흘러가는 것이 아니라
우리 안에 쌓이는 것
해도 꽃도 별도
우리가 있어서 그곳에 여전히 있는 것

ⓒ외암마을/은행나무집돌담길

역설

허공에서 벼락 하나 떨어졌다
작은 사람 하나 맑은 가을날의 햇빛 속을 지나갔다

우리는
벼락을 맞을 때 더욱 향기롭구나!

ⓒ외암마을/해그림자숨바꼭질돌담길

편지

함께 해서 더 곱다
너도 와서 함께하자!

ⓒ외암마을/은행나무집돌담길

단풍도

단풍도 가는 길이 따로 있어서
아무 데나 함부로 가지 않지
그중 맑은 곳, 그중 밝은 곳을
기다렸다가 며칠만 지나가지
그중 하루는 바로 오늘이다
길모퉁이 어여쁜 그대 오신 날!

ⓒ외암마을/은맛난식혜돌담길

길을 위하여

새들이 날아왔던 자리에
새들의 노래 닮은 하늘이 있네
사람이 그 온기를 내놓는 곳을 지나가며
그도 온기를 얻으면서
허공의 막막한 절벽 앞에서도
새들의 노래는 이렇게 남아있네

나는 내 작은 사랑으로
그대를 노래하지
팔 벌려 한 아름밖에 안 되는 작은 소리
내 생애를 다하여 부르는 노래…

ⓒ외암마을/맛난식혜돌담길

ⓒ외암마을/오봉산그늘돌담길

4부
우리들의 겨울

노란 양은주전자에서 물이 끓는다
뜨거운 전염병보다 더 뜨거운 난롯가가 비어있다
오라, 사과나무 장작은 넉넉하다

J디자인

살아온 시간을 들여다보면
버리고 싶은 것이 한쪽에 쌓여있지
별을 보기 위하여 저기 마을의 불빛을 멀리했고
봄꽃을 찾아가서
봄꽃의 이불같은 앞뒤좌우 마른 잎들을 치웠었네
사랑은, 오늘 하루를 자세히 들여다보는 것
자세히 들여다보며 멀어진 것에 다가가는 것
하루의 주어진 시간을
아름답고 더 향기롭게 디자인하고 싶었던 거지
오늘 하루도 적당한 크기!

ⓒ외암마을/시냇물소리돌담길

조은아한복

햇살에 처마 끝 고드름이 빛난다
그 시각 햇살과 고드름이 거기 있었고
쳐들린 지붕끝 선과 오래된 호두나무 가지들이
함께 빛난다 이 겨울이 입고 있는 한벌의 옷
그 마을 어디선가 무쇠난로에
다시 장작 두어 개 넣었는지
고양이는 흰 눈 위에 점점이
매화꽃 피우며 그 집 현관에 들어서고!

ⓒ외암마을/연꽃밭옆돌담길

북한강쭈꾸미

지난 봄에 뻐꾹나리 두어 포기 옮겨심었다
뿌리가 살아있으니 줄기도 살 것이지
줄기가 있다면 잎도 찾아와 줄 것이고
마침내 꽃도 그의 자리 잊지 않았다면 거기 오겠네
꽃마다 떠오르는 얼굴이 따로 있다
무엇이 무엇을 닮았다는 것
그러므로 흘러가는 은하수도
언제인가 본 적이 있는 그 사람 닮았다는 것
이 겨울날 숨죽여 어느 봄날을 기다리는
저 뻐꾹나리도!

ⓒ외암마을/맛난식혜돌담길

참미드어린이집

까치집은 높이 있어서
파란 하늘에 닿아있네
그 집에 가는 길은 가팔라서
그때마다 내 숨소리 들을 수 있지
새벽이 오기까지 밤은 검은 어둠에 쌓여있고
저마다 가진 금열쇠를 목에 걸고 그날분 꿈을 꾼다
붉은 매화꽃과 푸른 댓잎으로
저마다의 까치집을 채우는 꿈을 꾸고 나면
입춘소길도 좋네, 일상의 까치는 새끼들과 날아들어
나 있는 곳까지 파란하늘의 영역을 나누고…

ⓒ외암마을/맛난식혜돌담길

루트102

동박새는 동박새의 집을 짓고
오목눈이는 오목눈이의 집을 짓지
그의 일터를 지키는 감나무에서
겨우내 살아온 까치밥이
한 그릇으로도 한 상 가득한 날, 들리네
그가 부르는 감사의 노래, 그가 지은 집…
나훈아는 나훈아 풍의 머리를 하고
나는 오래된 형태로 내 머리를 하지
세상의 수많은 골목 중에서
여기에서 바라보는 하늘이 제일 깊다

ⓒ외암마을/댓잎소리돌담길

희망교회

비밀의 방이 여럿 있는데
잔을 들고 있으면 누구든지 들어갈 수 있다
날마다 그 잔에 포도주를 받는 사람들
…귀덕, 영란, 병철, 욱환, 진형, 병훈, 영일, 상중, 영숙, 길자, 박영자, 청심, 성자, 희자, 세영, 광기, 연배, 민옥, 동숙, 용유, 현숙, 상범, 선화, 재미, 미선, 옥현, 경화, 순예, 교화, 상운, 화순, 순예, 희용, 영래, 선애, 남호, 근옥, 진순, 옥순, 기승, 용덕, 김영자…

보이는 것보다 실제로는 더 가까이 있었네
내 잔도 넘치네

ⓒ외암마을/안개속허깨비돌담길

i-조은미술교습소

가진 거 없는 사람도 주머니는 있지
그 빈 주머니에 무엇인가 채울 수 있는 시간
이윽고 동구에서부터 눈이 쏟아지고
들판은 흰 눈으로 가득하다 그 들판이 채워지는 동안
앞산의 깃 고운 꿩 형제가 들판에 나선다
저 사이좋게 걸어가는 댓잎 발자국을 데리고
바람은 함께 대숲으로 스며든다
비어있던 대숲도 댓잎으로 채워지는구나
저 겨울 산 가득했던 푸른 물감이 건너오는 거다

ⓒ외암마을/맛난식혜돌담길

삽교두리곱창

온양에서 제일 맛있는 곱창 집을 찾는다면
모종동 오래된 골목을 찾아야한다
그 골목에서 인상 좋은 젊은이가 부지런히 드나들면서
번개탄도 나르고 배달기사 등도 두드려주는데
골목은 그렇게 살아있는 거다 살아있는 사람이 있어서!
골목의 겨울바람은 더 차갑다 번개탄 불은 그만큼 더 따습고
온양에서 그 불판 둘레가 제일 따스운 곱창 집을 찾는다면
길을 나서면 된다 모종동 낯익은 그 골목길...

ⓒ외암마을/연꽃밭옆돌담길

추피부관리샵

저 돌담에 흰 눈 내리는 날
돌담의 돌들은 고운 돌무늬 하나 더 두르게 되지
돌의 이마 적당한 자리에 반달눈썹이 새겨지고
속눈썹과 세월의 귀한 흔적으로 눈주름도 새겨지고
능소화 피었던 자리는 또 하나 의미가 되어
빛나네 그 얼굴빛, 그 낯익은 마주봄
저 돌담에 거울처럼 햇빛 밝은 날
와서 그 추운 어깨 나한테 기대어도 좋겠네

ⓒ외암마을/솔바람소리돌담길

고향 카Car

세상의 수많은 비탈길과
좁은 길에서 만난 무릎의 상처가 있다면
마음 어디 한 군데 터진 곳과
어두운 밤길에 멈추어 선 발걸음이 있다면
고향 마을 그 별 하나 여전히 그곳에 있네
그곳에서 여전히 가는 길을 지켜주고 있네
눈길에서 미끄러진 푸른 멍이 있다면
깊은 밤 난로의 불이 꺼졌다면
고향마을 그 겨울 달빛 여전히 그곳에 있네
그곳에서 너와 여전히 함께 있네

ⓒ외암마을/연꽃밭옆돌담길

갈채 김밥

마침내 눈이 쌓일래나 보다
골목 안 바람이 한결 잠잠하다
조금 전 배달받은 김밥은 넉넉하다
닭발도 잘 익고 간이 맞는다
골목에 다시 무릎까지 눈이 쌓이고
동치미는 맛이 잘 들었다
식혜도 한 항아리 넉넉하다
마침내 기다리던 그도 왔나보다
쿵, 쿵 발을 굴러 눈 털어내는 소리

ⓒ외암마을/맛난식혜돌담길

온양태초식품

전통시장 깊숙이 겨울은 깊어가고
이런 날 누군가 문득 길에서 만나고 싶네
그 집 두부에 묵은지와 막걸리를 먹고싶네
막걸리는 음봉막걸리를 먹어야지
그렇지 막걸리는 마시는 것이 아니라
뜨거운 밥 한 그릇 먹듯, 먹·는·거,
저녁이 되기 전에 그 집 두부 떨어졌으면
그 집 배추겉절이도 좋지 자꾸 깊어가네, 겨울…

ⓒ외암마을/댓잎소리돌담길

충무재활의학과

유리창 맑은 창문 턱에 다육이 살고 있다
이곳까지 오는 동안 좋은 길만 있었을까?
눈에 보이지 않아도 그 내부에서는
울퉁불퉁 길을 건너는 동안 수많은 힘줄들이 끊어졌을 텐데
살아있는 손으로 아직 살아있는 뿌리를 찾아 물을 주고
한참 들여다보고 어긋난 거 새로 맞추어주는 동안
끊어진 힘줄은 이어지고 통증은 사라지면서
맑은 창문 너머 함께 오래 살고 싶은 가을이 또 왔다
이번 온양장날에는 나도 드디어 허리를 펴고
전통시장 황금당 옆 기석님네 식혜 사러 갈수 있겠네

ⓒ외암마을/오봉산그늘돌담길

드림약국

수많은 꽃들이 다 이름이 있고
수많은 별들이 다 자리가 있네
몇 월 몇 일 아침에는 무엇을 먹고
점심과 저녁에는 무엇을 먹어야 하는지
시장골목길 약국의 작은 몸 약사님은
세상의 그 많은 약이 있는 길과 모퉁이를 다 알고 있네
아, 오늘 너무 좋다, 눈 쌓인 꽃담 너머 푸른 댓잎처럼
내 작은 이름도 투명한 약봉지마다 선명한 날!

ⓒ외암마을/까치소리돌담길

일이삼내과

어느 곳에 흰 덩어리 하나 있다는 가슴
나쁠 때 좋아지는 노래 부르는 내가 참 좋다
온양장날이면 들어가기 어려운 골목 안
오래전부터 그곳에 있었던 그 별의 주인처럼
그 집으로 간다 오늘은 어디가 아픈지
목소리만 들어도 그는 안다 그 앎을 나도 믿는다
청진하는 동안에도 나는 노래를 하는데
그 숨소리의 가사를 그는 듣고 나서
어제보다 좋아졌습니다 오늘 가슴으로 부른 노래
어려울 때 어렵게 부른 노래 다 들어주는…
모과 꽃 가득 피었던 모과나무의 이 겨울 몫으로
올 겨울 그 중 깨끗한 눈이 또 오려나보다!

ⓒ외암마을/모과나무소슬대문돌담길

소중한 아이치과

그러므로, 별은 살아있는 우리가 바라볼 때 반짝이고
물도 폭포가 되어 살아있음의 환호를 스스로 내는 동안
저기 4층쯤에 모습을 드러낸 은하수 한 채의 골목을 따라
나도 누군가의 별이 되어 빛나보는 거지
그러므로, 아득한 허공도 서로 기댄 등이 되어서
어린 날 그 언젠가 까치한테 준 작은 이가
오늘은 다시 돌아와 좋은 하루를 채우는구나
그 때 그 아름다운 어린 모습을
저 흰 눈 길을 건너 여기에서 다시 만나는구나

ⓒ외암마을/자귀나무샘돌담길

삼화인쇄

그러하니, 두드리는 수많은 문들의 흔들림 중에서
어느 하나는 아직도 내가 두드리고 있네
내가 두드리고 내가 열어주는
나는 어디에 있는지 그 시간 찾기를 하면서
사람아, 우리들 등 뒤의 빛이 눈부신 날
흰 눈 위에 검은 활자처럼 발자국을 남기며
오늘도 한 발자국 서로에게 더 다가선 시간에
우리만큼 빛나는 별이 있을까!
또, 눈이 오는구나, 하늘도 우리가 좋은가보다!

ⓒ외암마을/연꽃밭옆돌담길

심장근 제8시집
우리만큼 빛나는 별이 있을까

펴낸날 2021년 11월 26일 초판 1쇄
지은이 심장근
펴낸이 李憲錫
책임편집 김한결
펴낸곳 오늘의문학사
출판등록 제55호(1993년 6월 23일)
주소 대전광역시 동구 대전로867번길 52(한밭오피스텔 401호)
대표전화 (042)624-2980
팩시밀리 (042)628-2983
전자우편 hs2980@hanmail.net
카페 cafe.daum.net/gljang(문학사랑 글짱들)
　　　 cafe.daum.net/art-i-ma(월간 충청예술문화)

공급처 한국출판협동조합
주문전화 (02)716-5616
팩시밀리 (02)716-2999

ISBN 979-11-6493-172-9 (03810)
값 12,000원

ⓒ 심장근 2021

* 이 책은 ㈜교보문고에서 eBook(전자책)으로 제작하여 판매합니다.
* 잘못 제작된 책은 바꾸어 드립니다.

* 이 책은 충청남도와 충남문화재단에서 지원금을 지원받아 발간되었습니다.